M. PAUL SARRAT

MAIRE DE REVEL

QUELQUES-UNES
DE
SES DÉFAILLANCES POLITIQUES

Par P.-C. DELMAS

Ancien professeur de l'Université, ancien chef d'institution à Revel

PRIX : 60 CENTIMES

TOULOUSE
CHEZ L'AUTEUR, RUE DES LOIS, 23

Le 27 Avril 1884

M. PAUL SARRAT

MAIRE DE REVEL

QUELQUES-UNES

DE

SES DÉFAILLANCES POLITIQUES

Par P.-C. DELMAS

Ancien professeur de l'Université, ancien chef d'institution à Revel.

PRIX : 60 CENTIMES

TOULOUSE

CHEZ L'AUTEUR, RUE DES LOIS, 23

Le 27 Avril 1884.

M. Paul SARRAT, Maire de Revel

QUELQUES-UNES DE SES DÉFAILLANCES POLITIQUES

———※———

A Messieurs
Messieurs les Electeurs Républicains de Revel.

Messieurs les Electeurs,

Vous êtes en pleine période électorale pour les élections municipales. C'est le moment où les comptes doivent se régler entre élus et électeurs. Dans cette liquidation politique, c'est plus qu'un droit, c'est un devoir pour les électeurs de discuter les actes de leurs élus, afin de renouveler leur mandat s'ils ont tenu leurs promesses, ou de les remplacer s'ils n'ont pas agi conformément aux vrais principes républicains.

M. Delmas, ancien professeur de physique au collège de Revel, après vingt-quatre ans de domicile dans votre ville, et surtout après avoir pris part aux affaires politiques comme ancien président de votre Comité central, se croit obligé de fournir son appréciation sur divers actes de la municipalité, il en a d'autant plus le droit qu'il a personnellement à se plaindre des procédés de cette administration à son égard.

Respecter la propriété d'autrui, les droits de l'industrie privée, c'est un principe qui est entré dans nos mœurs, et que personne ne songe à contester, sauf ceux qui ont intérêt à le méconnaître. Tout gouvernement, soit monarchique, soit républicain, à moins que ce ne soit un régime de banditisme, admet qu'il faut sauvegarder les intérêts privés par des compensations, ou des indemnités quelconques, lorsque des mesures d'intérêt public peuvent porter préjudice à ces intérêts privés.

La création d'une école laïque, jointe à l'existence d'un collège et d'une école de frères, devait infailliblement obliger M. Delmas à fermer son établissement dans un temps très rapproché. Toute question de parti mise à part, cette mesure a été pour lui une vraie spoliation. Mais un cas exceptionnel rend cette spoliation plus odieuse : Sans l'Ordre moral, qui frappa M. Delmas, il serait encore professeur à Revel aux appointements de 2,000 ou 2,400 fr.

Lorsqu'un parti, pour escalader le pouvoir, ne prend pour règle de sa conduite que l'arbitraire et porte la ruine dans les familles pour satisfaire son ambition, c'est un devoir sacré pour le parti contraire que le pays appelle au pouvoir, de réparer autant que possible les ruines qu'a laissées après lui le parti tombé. M. Delmas était parmi les victimes ; la municipalité qui succéda à celle de l'Ordre moral, la même que celle d'aujourd'hui, ne répara rien du tout. Elle fit pourtant une bonne action en rappelant le commissaire de police M. Moret, que l'Ordre moral avait aussi frappé. Cette mesure doit être portée à l'actif de l'administration parmi celles qui lui font honneur. M. Delmas ne s'en est jamais plaint, mais il a la prétention de croire qu'il a rendu plus de services à Revel, pendant quatorze ans de professorat, que M. Moret pendant quatre à cinq ans de commissariat. Lui enlever le pain du jour par la création d'une école laïque, comme cela se disait publiquement, était plus qu'une faute de la part de l'administration. C'était un déni de justice, un oubli de son mandat. Mais l'odieux n'en reste pas là ; M. Delmas, soit comme homme privé, soit comme président du Comité central, a soutenu et appuyé de toutes ses forces le parti républicain dans la personne de M. Sarrat, et M. Sarrat le remercie en l'obligeant à fermer son établissement.

M. Delmas ne convoitait nullement la direction de l'école laïque ; sa seule ambition consistait à vivre modestement et honnêtement au moyen de son institution qui rendait quelques services à la ville. L'école laïque créée, tout le monde comprenait que, son institution ne pouvant plus tenir, la direction de cette école devait lui être offerte comme une compensation même insuffisante.

Pour pallier la bévue qu'il a commise, M. Sarrat, de concert avec son entourage, a fait courir le bruit que M. Delmas, étant mis à la retraite, ne pouvait être réintégré comme professeur. C'est un mensonge, attendu qu'il n'avait pas le temps d'exercice voulu par la loi, qui d'ailleurs est très claire et très précise sur la question d'appel du retraité à un emploi nouveau. D'après les bonnes relations qui existaient entre M. Sarrat et M. Delmas, cette mesure, de la part de l'administration municipale de Revel, est si injuste, si antirépublicaine, qu'il est difficile de trouver une expression convenable pour la dépeindre. Il y a là un raffinement de duplicité qu'on ne peut s'expliquer que par quelque machination inavouable. Eh ! eh ! M. Sarrat, vous ne vous contentez pas de copier M. Get, vous copiez les jésuites ! Gardez-vous de jamais écrire contre eux, parce qu'ils seraient en droit de vous dire : *Taisez-vous, car vous faites ce que nous faisons.*

Toute la population indistinctement a désapprouvé cette mesure aussi injuste qu'impolitique. Les réactionnaires eux-mêmes ont profité de cette bévue pour déverser un blâme de plus sur l'administration actuelle. Ils ont dit dans leur contentement non dissimulé : « M. Delmas se serait mis en quatre pour M. Sarrat, voilà pourtant comment M. Sarrat apprécie son vaillant appui. A l'avenir, M. Delmas sera probablement un moins chaud partisan de M. Sarrat. » Cette réflexion, quoique émise par des adversaires, n'était pas à dédaigner.

M. Sarrat sait depuis longtemps que M. Delmas a l'habitude de dire tout haut ce que le public dit tout bas : Ce n'est un secret pour personne à Ravel, aux environs, même à Toulouse, que M. Sarrat est un orléaniste déguisé en républicain; que les fortes têtes de son entourage partagent son opinion à ce sujet. Or, comme il n'y a pas d'effet sans cause, pour expliquer l'ostracisme de M. Delmas, quelques électeurs en vinrent à imaginer que le parti orléaniste revenant à l'espérance par la mansuétude du gouvernement républicain, pouvait impunément, dans ses conciliabules secrets, faire ses petits complots de conspiration, et que, le moment venu de les mettre à exécution, M. Delmas, à Revel, aurait pu devenir pour M. Sarrat *un contrariant fâcheux et incommode*. Si cette hypothèse n'est pas fondée, elle est du moins vraisemblable.

M. Sarrat copie M. Get dans ce que celui-ci a fait de mauvais, sans l'imiter dans ce qu'il a fait de bon ; qu'il le copie, copie encore! Et lorsque de maladresse en maladresse, de faute en faute, d'illégalité en illégalité, et pis encore, il sera descendu au niveau de son redoutable rival du pouvoir dans Revel, M. Get, dont le seul mobile consiste à travailler à son intérêt personnel et à satisfaire sa vanité, n'aura qu'à le pousser du coude pour le renverser, et reprendre triomphalement sa place à la mairie. M. Delmas a été obligé de faire insérer dans la *Dépêche* la réclame suivante : *Institution Delmas : à vendre, mobilier d'école, etc.* M. Sarrat pourrait bien, peut-être à son tour, faire insérer dans le *Progrès libéral : Echarpe de maire à vendre*. On a vu des caprices de la fortune plus étonnants.

M. Sarrat doit être rangé dans la catégorie des trembleurs ; s'il fait un pas en avant, le moindre obstacle qu'il rencontre lui fait peur et le fait reculer, il fait alors des écarts en opposition avec son naturel ; mais ils n'en sont pas moins préjudiciables à ceux qui en sont victimes. Il est de ces hommes qui, n'ayant pour objectif aucun des grands principes constitutifs des formes sociales, n'ont pour boussole aucune idée arrêtée, s'accommodent de tous les régimes, et tiennent à n'en heurter aucun, tout en travaillant dans l'ombre à faire prévaloir celui qu'ils préfèrent. Ces hommes s'étudient à ne jamais se compromettre, et lâchent leurs partisans quand ils n'ont plus besoin d'eux, ou qu'ils veulent racheter quelques méfaits. Sous un gouvernement corrompu, ces hommes passent pour vertueux et arrivent aux honneurs, soit en rampant, soit en abandonnant ceux qui les aident à monter. Sous un gouvernement ferme et honnête, qui n'admet pas la duplicité parmi les vertus civiques, ces hommes sont méprisés du peuple. Le patriote Lafayette et l'honnête banquier Lafitte firent roi Louis-Philippe. Le banquier s'y ruina ; Louis-Philippe, devenu roi les lâcha tous les deux. Pourtant personne ne conteste que Louis-Philippe ne fût un brave homme dans sa vie privée. Il ne serait pas invraisemblable que le cas de M. Delmas, à Revel, n'eût quelque analogie avec le fait de Lafayette et Laffitte, M. Sarrat aurait lâché M. Delmas, soit parce qu'il n'avait plus besoin de lui, soit pour se faire pardonner plusieurs mesures défavorables aux réactionnaires en le sacrifiant aux haines du cléricalisme, soit pour se ménager des faveurs en haut lieu.

Comme un météore de toute petite grandeur qui brille un instant pour ne plus reparaître, M. Sarrat une fois tombé ne se relèvera plus, parce qu'il a prouvé qu'il est incapable comme administrateur, et qu'il a trompé tout le monde en ne tenant pas ses promesses. Il n'a pas conscience que le but fondamental de l'administration locale est la sûreté des individus et le bien-être des familles ; or, des faits regrettables prouvent que la sécurité privée est compromise par les ménagements dont il a usé envers les malfaiteurs. Ce moment venu, ses protégés lui jetteront la première pierre, c'est ordinairement la règle; puis viendront les *indulgents*, à leur suite les *indépendants*, et enfin les *cléricaux*.

Les indulgents. — Ceux-ci se contenteront de dire : « C'est dommage ; c'est un brave homme, mais un pauvre homme ; il possède l'art de bien dire, mais *il n'a pas su faire.* »

Les indépendants. — La partie la plus sérieuse et la plus éclairée de la population, celle des indépendants, se montrera plus sévère dans sa critique. Elle dira : « Dans une démocratie, il faut plus que des phrases pour administrer, il faut du tact, de la justice, de la justice et toujours de la justice, avec une dose de fermeté qui n'exclut pas la modération. M. Sarrat n'a pas donné tout ce qu'on attendait de lui. Pour se dispenser d'être juste, il ne suffit pas d'affecter d'être bienfaisant, et il n'a pas toujours été juste. Presque toujours la faveur a dicté ses actes. Nous croyons que son entourage et lui étaient animés des meilleures intentions. Mais en administration, ni paroles, ni intentions ne valent; en définitive, c'est le fait seul qui vaut; la crainte de perdre leur popularité, et par suite les suffrages de plusieurs de leurs concitoyens les a empêchés de toucher aux abus. Ils se sont en outre démasqués trop vite, en se préoccupant plutôt de leurs intérêts personnels que des intérêts généraux et de la cause républicaine. Elle ne dira pas : *M. Sarrat n'a pas su faire*, elle dira : *il n'a pas voulu faire.* Des abus existaient, on n'a rien fait pour y porter remède. C'est toujours la même chose, il n'y a que le nom de monarchie ou d'empire remplacé par celui de république. Les abus ont fait comme les impôts : Au lieu de diminuer, ils ont augmenté.

Les réactionnaires intransigeants. — Ceux-là n'ont pas attendu la chute de M. Sarrat pour forcé la note par des exagérations tirées, les unes du domaine des racontars, d'autres choisies dans le répertoire même de ses actes administratifs, et présentant un caractère de véracité difficile à contester. Parmi ces actes on peut citer l'affaire du capitaine Aymes, l'ostracisme de M. Delmas, l'affaire du vitriol, la retenue illégale de la subvention de messieurs les vicaires.

Affaire du Capitaine Aymes.

Dans cette affaire, ils ont dit, d'accord avec toute la population : *M. Sarrat a mal fait, parce qu'il n'a pas fait ce qu'il aurait dû faire.*

Quoique M. Sarrat ait une police, il ne sait pas tout, ou, s'il est bien renseigné, il doit savoir ce qui se répétait alors de bouche en bouche dans tous les quartiers de la ville : « Si le capitaine enfermé comme fou à l'hospice de Braqueville était un des siens, il l'aurait bien fait rendre à la liberté. »

Lorsqu'on annonça à M. Sarrat la séquestration du capitaine dans la maison des aliénés, il aurait dû bondir d'indignation. On rapporte qu'il accueillit la nouvelle aussi flegmatiquement que s'il s'était agi du grand Turc. Le lendemain, après réflexion, il se contenta de faire une très humble supplique, au lieu de déposer une plainte à qui de droit contre cet abus de pouvoir. Mais voici l'embarras : Quand on accepte des diners chez un préfet, on n'est plus ensuite aussi libre dans ses actes, on a presque aliéné une partie de son indépendance; on n'ose pas déplaire à ce préfet, qui naturellement veut couvrir son secrétaire général impliqué par complaisance dans ce complot. Il y avait aussi des généraux ; il ne fallait pas se mettre à dos les gros bonnets de l'armée. On ne sait pas en effet de qui l'on peut avoir besoin, surtout quand ces officiers à graines d'épinard sont réactionnaires, bonapartistes ou orléanistes. Par conséquent, le capitaine Aymes a eu grand tort de se laisser conduire à Braqueville ; qu'il se tire d'embarras comme il pourra ! Il en résulta que, pour se tirer d'embarras, le capitaine Aymes logea une balle dans la tête du docteur Marchant, directeur de l'hospice ; que, par ce fait, son embarras, au lieu d'être terminé, ne fit qu'augmenter, et qu'aujourd'hui il est à Charenton, pas plus fou que ceux qui l'ont fait enfermer. M. Sarrat aurait dû pourtant faire cette remarque : MM. les préfets passent (les inspecteurs d'académie aussi), mais la population reveloise reste. Si le feu prenait à sa maison, ni M. le préfet, ni M. l'inspecteur d'académie ne viendraient pour éteindre l'incendie ; ce serait plutôt la population qui prêterait son concours avec le plus grand empressement. Il serait donc sage et raisonnable de ne pas trop heurter cette population dans ses sentiments les plus chers, surtout quand ils sont légitimes. M. Sarrat, en ne faisant pas tout ce qu'il aurait dû faire pour la délivrance du capitaine Aymes, s'est-il bien rendu compte des devoirs que lui impose sa fonction de maire ? Il représente la commune, et le capitaine Aymes est un enfant de la ville, un membre de cette association communale, un enfant du peuple qui honore cette commune par le patriotisme et le dévouement qu'il a montrés en 1870 et 1871. M. Sarrat, en forçant, d'après la loi, les ennemis du capitaine à le remettre en liberté ou à le mettre en jugement, aurait laissé dans l'administration communale de Revel une page glorieuse de son passage, une page qui à elle seule aurait fait l'éloge de son administration. Cela lui était d'autant plus facile que, dans cette affaire, il ne s'agissait point de politique, cause de division parmi les citoyens, mais d'une question morale de premier ordre qui préoccupe à juste titre l'opinion publique. M. Sarrat n'a pas fait son devoir de maire.

Ostracisme de M. Delmas, chef d'institution.

Les cléricaux se garderont bien de passer sous silence l'ostracisme de M. Delmas, non par sympathie, car ils le détestent pour ses opinions anti-cléricales et républicaines, mais comme une occasion propice de critiquer les actes de l'administration. C'est ainsi, diront-ils, que : parti républicain, conseil municipal, administration, reconnaissent les services que leur a rendus ce républicain convaincu? cette marque d'ingratitude donne la mesure de leur sincérité républicaine. Elle devient en outre un avertissement salutaire pour les partisans de M. Sarrat. Avant de trop s'engager pour soutenir sa candidature, ils feraient preuve de prévoyance en faisant leurs conditions, de manière que leur vote ne devienne pas entre ses mains un blanc-seing dont il puisse abuser.

Nous, que vous appelez *réactionnaires*, *cléricaux*, nous avons, il est vrai, maltraité M. Delmas ; mais nous avions une apparence d'excuse ; à l'occasion, il ne nous épargnait guère. Ne nous ménageant pas, nous n'avions aucun ménagement à garder envers lui. Nous lui avons fait bien du mal, le plus de mal que nous avons pu sans parvenir à le vaincre. Alors il a crié plus fort et nous a lapidés, soit par écrit, soit en paroles. Mais à vous, prétendus républicains, à vous surtout, M. Sarrat, son ancien collègue, que vous a-t-il fait ? il ne vous a rendu que des services, vous a toujours soutenu loyalement. Il était dans votre parti à Revel un des hommes les plus sérieux et les plus écoutés ; c'était un admirateur, un enthousiaste de M. Sarrat ; plusieurs l'ont entendu dire parfois dans un langage familier : « M. Sarrat, c'est la gloire de Revel. » Et vous lui prouvez votre reconnaissance en le mettant dans l'impossibilité de maintenir son institution ! Si c'est là une des réformes sociales qu'a conçues votre génie secondé par les fortes têtes de votre entourage, nous sommes forcés d'avouer que vous êtes de bien singuliers, mais en même temps de bien terribles organisateurs du travail. Nous ne pouvons affirmer si une réforme aussi savamment combinée est du goût de vos électeurs ; dimanche prochain nous le dira. Pour nous, nous nous garderions bien d'agir ainsi envers un des nôtres. Par des procédés semblables, quelle confiance pouvez-vous inspirer, nous ne dirons pas aux gens de notre parti, mais aux républicains eux-mêmes ? Continuez, continuez, maltraitez les gens du caractère de M. Delmas, et vous travaillez pour nous sans vous en douter.

Affaire du vitriol

Autrefois nous avions à Revel un empereur au petit pied, aujourd'hui vous avez un maire qui joue au monarque en s'arrogeant le droit de grâce, encore les monarques n'usent-ils de cette prérogative qu'après condamnation. Lorsque le duc de Praslin assassina sa femme, Louis-Philippe, quoique vivant dans la plus étroite intimité avec le duc, se garda bien, pour le couvrir, d'entraver la marche de la justice, pourtant il était roi. Quand les électeurs ont accordé librement leurs suffrages à M. Sarrat, ils ne s'attendaient pas que leur sécurité serait compromise dans leurs biens et leurs personnes par la protection réservée aux malfaiteurs Sous l'Empire, on disait : « *Que les méchants tremblent, que les bons se rassurent.* » Ce n'était pas vrai, mais au moins admettait-on le principe. A Revel, on peut renverser les termes de cette phrase et dire : « *Que les bons tremblent, que les méchants se rassurent.* » Il est positif que l'enquête pour découvrir l'auteur du crime commis à l'aide du vitriol, a été dirigée de manière à ne jamais trouver le coupable : du commencement jusqu'à la fin, tout dénote que, le coupable étant connu, on a tout disposé pour étouffer cette affaire. Dans toute la ville on parlait tout bas de blouse et de pantalon disparus, comme pouvant donner des marques de vitriol par suite de la lutte entre l'agresseur et la victime. On se racontait tout bas que M. Sarrat, gagné par les supplications de l'inculpé, accompagnées de larmes, aurait agi de manière à faire disparaître les indices du crime. L'auteur, sauvé par l'indulgence coupable de ce magistrat, augmenterait, ou au moins conserverait par reconnaissance, dans les élections prochaines, un certain nombre de suffrages favorables à la liste de M. Sarrat. Ce bruit, corroboré par un concours de circonstances probantes, courut avec une certaine intensité. Si cette affaire avait été conduite comme elle aurait dû l'être quand on veut réellement trouver le coupable, M. Sarrat, qui certes est loin d'être un vitrioleur, aurait dû déposer son écharpe, et aller en cour d'assises rendre compte de sa complicité morale par excès de faiblesse. Cette affaire aurait été plus grave que celle de *canaille, crapule*, paroles prononcées, a-t-on dit, dans une autre affaire, par une femme du peuple qui avait ses nerfs.

Un article du *National*, paru le 26 ou le 27 mars 1883, signé Raoul Frary, s'adapte singulièrement à l'affaire du vitriol. Nous n'en faisons que cet extrait : « La police sera invitée à trouver les gens qu'elle cherche avant qu'on ne les ait avertis d'avoir à se cacher. » Nous n'avons qu'à remplacer la dernière partie de la phrase par : « avant qu'on ne les ait avertis de faire disparaître blouse, pantalon et tout autre indice du crime. »

Tomber des hauteurs superbes du puritanisme au rôle piteux de souteneur de *vitrioleurs*, quelle chute vertigineuse, grand Dieu ! C'est à douter de tout, même de M. Sarrat.

Si un touriste philosophe, de ces philosophes qui parcourent le monde pour chercher la sagesse, et qui meurent avant de l'avoir pratiquée, se trouvant de passage dans votre ville, était mis au courant des nouvelles par quelque cicérone-figaro, il ne manquerait pas de dire : « D'après les chuchotements qui circulent de bouche en bouche, on serait porté à croire qu'il y a dans votre ville une nombreuse société secrète de *vitrioleurs*, et que votre maire a l'ambition d'en être le vénérable. » — le cicérone, fier de son rôle, ne manquerait pas de lui répondre : « Vous n'avez pas une idée suffisamment exacte de l'esprit de notre population, vous vous méprenez sur son caractère. Cette population ne se passionne ni pour le bien, ni pour le mal ; pourvu qu'elle s'amuse, elle reste indifférente à toute espèce de méfaits. Tout au plus entre deux manilles, par exemple, ou en petit comité, un membre plus hardi que ses compagnons, laissera échapper un mot d'approbation ou d'improbation, selon les circonstances, et la critique n'ira pas plus loin. Gaie par caractère avec une teinte d'égoïsme assez prononcée, railleuse par goût, de cette raillerie gauloise qui ne veut pas se perdre, elle cultive l'épigramme, et va même quelquefois jusqu'à sacrifier un ami pour placer un mot piquant. Il peut y avoir des vitrioleurs (au moins un), mais il n'y a pas de société secrète de vitrioleurs ; par conséquent, notre maire n'aspire pas à en être le vénérable. Notre maire est un brave homme ; si vous l'entendiez, vous diriez que, dans vos voyages autour du monde, vous n'en avez pas rencontré de plus brave sur notre planète,

Notre maire a le défaut d'avoir peur des curés et des vitrioleurs. La peur ne se corrige pas, a dit Lafontaine. Pour les curés, quand les ciconstances l'obligent à prendre contre eux une mesure de précaution tant soit peu désagréable, il en est si ahuri, qu'il s'empresse de racheter sa prétendue hardiesse par des avances, des concessions, dont un maire, clérical avéré, n'oserait prendre la responsabilité. Il est bien permis de respecter les curés, mais pas tant que ça.

Pour les vitrioleurs, il s'est dit en lui-même qu'il vaut mieux être l'ami que l'ennemi de cette profession naissante. Double profit pour lui : d'abord, il ne risque pas d'être *vitriolé*, point important ; puis, en un jour d'élection, *vitrioleurs* avec amis, parents, alliés voteront comme un seul homme pour lui et son entourage. — M. le touriste, pas bête, notre maire, n'est-ce pas ?
— Le touriste, faisant un signe de tête peu approbateur, répondrait à peu près ceci : « Votre maire, dont le fond, dites-vous est honnête, mais sujet, dit-on, à des perturbations morales sous l'influence des petites intelligences qui gravitent autour de la sienne, n'est pas fort en calcul : pour un *vitrioleur* gagné, la perdra dix honnêtes gens, et pour l'honneur de votre cité, je me plais à croire que la comparaison est au-dessous de la réalité. D'ailleurs le scrutin de dimanche établira d'une manière plus précise le rapport entre ces deux catégories d'électeurs ; si les braves gens sont plus nombreux que les vitrioleurs et leurs adhérents et s'ils votent, votre maire ne sera pas réélu conseiller ; si les vitrioleurs et leurs adhérents sont en majorité, votre maire sera réélu. Ne me parlez pas ni de parti républicain, ni de parti réactionnaire, il s'agit ici d'une question d'honnêteté, abstraction faite d'esprit de parti. Que l'on commence par être honnête, on aura ensuite le droit de se dire républicain. Votre maire, qui, lui aussi, doit se dire républicain, puisque c'est la mode du jour, et qui demain se dirait orléaniste si la mode en venait, ne connaît pas le Code républicain, ou, s'il le connaît, il l'applique mal, car ce Code défend expressément qu'un maire ou tout autre magistrat abandonne ses administrés à la merci des malfaiteurs ; votre maire ne connait pas non plus ce vieux proverbe : « *Quand on craint la feuille, on*

n'entre pas dans le bois. Quand on craint les vitrioleurs, on donne sa démission pour laisser la place libre à ceux qui ne les craignent pas. »
Là-dessus notre touriste se disposerait à boucler sa malle, se disant en lui-même : « Allons-nous-en, la sagesse n'est pas ici ; tant que l'égoïsme sera le dieu préféré de cette cité, les grandes et nobles idées auront de la peine à s'y acclimater, et son maire actuel, bien loin de leur donner asile, semble plutôt, par ses plans moitié ineptes, moitié machiavéliques, leur en interdire l'entrée, allons-nous-en. »

Retenue illégale de la subvention de MM. les vicaires.

Voici le bouquet, indéniable celui-ci : dans une délibération, le conseil municipal supprima la subvention allouée tous les ans par la commune à MM. les vicaires. Cette suppression fut motivée par des propos malveillants tenus par ces ministres du culte catholique contre l'instituteur et les institutrices laïques. Le conseil municipal était dans son droit, et MM. les vicaires ont eu le tort de se mêler de ce qui ne les regardait pas. Mais dans cette délibération, on ne se contenta pas de supprimer la subvention pour l'avenir, on vota la retenue du dernier trimestre échu. Ceux qui connaissent M. Delmas savent qu'il n'est suspect de tendresse ni pour le cléricalisme en général, ni pour le clergé de Revel en particulier. Dès l'établissement de son institution, le clergé le maltraitait bien plus durement que ne l'ont été l'instituteur et les institutrices laïques. Le public n'approuva pas le clergé, mais personne ne songea à prendre sa défense comme on l'a fait à l'égard des écoles laïques. Que le clergé ait alors manqué non seulement à la loi civile, mais encore aux préceptes de l'Evangile, ce n'est pas une raison pour que M. Delmas approuve l'injustice, lors même qu'elle s'exerce contre ses ennemis ; aussi lorsqu'on lui fit passer la feuille qui contenait la délibération, il manifesta hautement, en présence d'une trentaine de personnes, sa désapprobation en ce qui concernait la retenue du traitement échu.

Treize conseillers républicains présents à la séance votèrent la retenue du dernier trimestre échu, et pas un n'eut la présence d'esprit ou le courage de protester contre cette monstruosité politique ! Payer un travail terminé, c'est l'instinct de l'équité à l'état primitif. Il n'est pas nécessaire, comme on dit vulgairement, d'avoir fait ses classes, pour comprendre cette maxime élémentaire du droit commun. Pourtant, ces conseillers sont intelligents, du moins ont-ils été choisis comme tels. Lors des élections, M. Delmas les appuya de sa parole, et leur donna sa voix. Il se souvient même que, comme président du Comité central républicain, il les invita dans une courte allocution à déposer à la porte de la salle du conseil toute rancune, tout esprit de parti dans les affaires de la commune, comme un bagage prohibé dans les délibérations. Ces observations furent approuvées.

Aucun de ces conseillers ne fit la remarque suivante : non seulement cette décision péchait contre l'équité, mais encore le conseil n'avait pas qualité pour la prendre ; en s'établissant juge et partie, il s'arrogeait un droit qui est du ressort judiciaire. Ces conseillers agirent là comme un patron besogneux, âpre au gain, gêné dans ses affaires, qui cherche noise à son ouvrier pour se dispenser de lui payer son salaire. Avec un tel système, tout traitement, toute subvention, volontairement consentie et légalement votée par le conseil municipal, risquerait d'être supprimée par le caprice et l'arbitraire.

M. le maire approuva cette iniquité. Si quelqu'un avait dit à M. Delmas : « M. Sarrat a retenu un trimestre échu à MM. les vicaires. » De bonne foi, M. Delmas aurait crié : à l'imposture, à la calomnie ; il se serait pourtant trompé lui-même, car il eut l'occcasion de lire la délibération dans toute sa teneur. M. Sarrat, lui, qu'il avait toujours considéré comme la délicatesse personnifiée, commit un tel oubli de ses devoirs !!! Ce n'est pas possible. Qui donc dirigea sa main trop obéissante pour qu'elle apposât sa signature au bas de ce barbarisme municipal ??? Si MM. les vicaires avaient voulu se pourvoir contre cette décision, il n'y a pas de tribunal dont le jugement ne leur eût été favorable, et M. le préfet, après avoir lu attentivement cette délibération, aurait pu et même dû l'annuler comme illégale, et comme dépassant la limite des attributions du conseil.

Si c'est là la République de ces messieurs, M. Delmas déclare hautement que ce n'est pas la sienne. Fiez-vous ensuite aux affirmations démocratiques de M. Sarrat. Oh ! en paroles, c'est magnifique ; mais en fait, c'est de la démocratie de contrebande, une contrefaçon de la vraie démocratie.

On ne saurait trop répéter que la forme républicaine d'un gouvernement implique la reconnaissance du droit de chacun. Il ne suffit pas de proclamer la reconnaissance de ce droit par des paroles, même par des écrits, il faut qu'elle devienne un fait en pratique comme en théorie. Quiconque en néglige involontairement l'application, commet un oubli ou une erreur par défaut de jugement; mais quiconque agit sciemment contre le droit est un faux républicain ; il vaut mieux supposer, pour l'honneur du conseil municipal, que son vote est le résultat d'une fausse interprétation.

On peut bien trouver mille moyens de faire détester la République, il n'y en a qu'un pour la faire aimer, c'est d'être juste envers tout le monde sans distinction de parti. Les difficultés commencent dans le discernement du juste et de l'injuste, dans la saine interprétation du droit et dans son application. Les principes monarchiques, aristocratiques et oligarchiques avec leurs conséquences sont antagonistes de ceux de la démocratie. De là, les luttes sanglantes qui, de tout temps, ont bouleversé les nations dans leur intérieur, et quelquefois amené leur ruine. Mais le vieux monde s'en va avec ses abus et ses préjugés ; le monde moderne, dans sa marche en avant, a fourni plusieurs étapes remarquables, qui ne font point présager qu'il veuille s'arrêter, encore moins reculer; celui-ci tuera forcément celui-là. Si, dans cette transformation lente et successive des mœurs politiques et sociales, quelques ouvriers isolés, peut-être plus inexpérimentés que mal intentionnés, tels que les Sarrat et Ce, font de la mauvaise besogne, d'autres viendront après eux, avec mission de corriger, dans la mesure du possible, ce qu'il y aura de défectueux dans l'œuvre de leurs devanciers.

La troupe lazaronienne.

Lorsque M. Sarrat viendra à mourir comme maire, que fera la troupe lazaronienne de Revel ? Elle criera : qu'on l'enterre ;

chantera le *Libera*, mais entonnera bien vite le : *Vive son successeur pourvu qu'il maintienne nos privilèges de lazaroni.*

Cette troupe dans Revel est une puissance, et l'on est obligé de convenir que, lorsqu'elle intervient dans la mêlée des batailles électives, il est rare que la victoire ne reste pas du côté où elle se tourne. Successivement exploitée par les Get et les Sarrat, elle n'aime ni les Get, ni les Sarrat ; elle n'aime qu'elle-même et ses privilèges. Consciente de la puissance de son rôle, elle les exploite à son tour, et l'administration, si elle veut se maintenir doit compter avec elle dans les jours d'élection. Elle ne fait ni phrases, ni conditions, ne propose pas de tarif en échange de son concours, mais elle s'impose et obtient au-delà de ce qu'elle aurait pu prétendre. Aussi, gare la défaite des candidats aux élections si on la néglige. On dit que pour elle, le plus généreux concurrent est le meilleur. Plus redoutable que respectable, elle est pourtant respectée et surtout bien soignée. L'oisiveté, l'immoralité fait prime. Ce qu'on lui donne sous forme de bienfait est parfois l'acquit dissimulé d'un suffrage. Par ce moyen ou par d'autres, ce bienfait apparent inocule un virus démoralisateur. Le langage officiel appelle cela : *secours à l'indigence*. Les philanthropes l'ont appelé : *charité, bienfaisance* ; mais des abus permanents convertissent cette conception consolante et sublime de l'humanité en tolérance et soutien du vice. L'autorité ne fait rien pour arrêter la marche envahissante de cette gangrène sociale. Au lieu de glorifier le travail par des encouragements judicieux et utiles, elle fait le contraire. La passion de dominer, jalouse, entrave le travail honnête, et si, malgré les entraves, ce travail tient bon, pour peu qu'il contrarie ses plans de domination, elle serre le frein, et l'arrête tout court. Les procédés que l'admininistration actuelle a employés contre l'institution Delmas, soit d'une manière occulte par ses agents, soit ouvertement, en sont une preuve tellement évidente, qu'elle en devient brutale. Dans ce cas, comme dans bien d'autres, elle a copié M. Get, elle l'a même surpassé. La cabale astucieuse appelle cela *succès* ; la justice l'appelle *spoliation déguisée* ; la civilisation, *vandalisme* ; la liberté, *oppression* ; la morale, *lâcheté*.

Espérances déçues.

Citoyens électeurs, vous souvenez-vous de cette époque où la France fut délivrée du cauchemar du 16 mai ? Echappée au péril imminent d'une guerre civile, elle respirait enfin librement et renaissait à l'espérance. Tous les visages redevenaient radieux, tous les cœurs se livraient à la joie, c'était à croire que le bonheur était partout. La France, d'une élan spontané, célébrait une vraie fête nationale. Virgile aurait dit : la vierge Astrée est redescendue sur la terre, l'âge d'or est revenu.

Jam redit et virgo, redeunt Saturnia regna.

Les méchantes langues de Revel, car il y en a, prétendaient même que la vierge Astrée était venue en effet à Revel; mais, dès son arrivée, elle trouva que la haine, la vengeance, l'ambition, l'envie, l'astuce, toutes ces déesses du monde réactionnaire et clérical, déguisées en républicaines, avaient accaparé toutes les places, et qu'il n'en restait plus pour elle; de sorte qu'on signifia à la pauvre délaissée de retourner au ciel d'où elle était venue, ou d'aller se réfugier..... où elle pourrait. Elle s'en retourna donc et n'a plus donné de ses nouvelles. Bien contentes les déesses au domino républicain d'être débarrassées de cette radoteuse édentée, toujours aux écoutes pour déjouer leurs complots clandestins !

En n'empruntant à l'allégorie du poète latin que ce qui se rapporte à l'époque dont nous parlons, on peut affirmer que l'avènement de M. Sarrat dans l'administration était acclamé avec des démonstrations de joie qui tenaient du délire. C'était l'homme de la situation ; son nom sortait de toutes les bouches accompagné des éloges les plus flatteurs. Les poètes de l'antiquité auraient fait de lui un demi-dieu (pour Revel). Accueilli d'avance avec une confiance illimitée, M. Sarrat aurait pu faire dans la commune un bien immense sous tous les rapports, surtout sous le rapport moral. Une vingtaine de réactionnaires irréconciliables, appuyés de quelques acolytes insignifiants par le nombre et la valeur, n'étaient pas un obstacle insurmontable pour opérer quelques réformes utiles. Toutes ces espérances se sont évanouies peu à peu. La faiblesse de son caractère circonvenu, dit-on, par son entourage, a annihilé les bonnes qualités de l'esprit et du cœur.

Grisé par le succès autant que par des éloges anticipés, il a voulu monter plus haut. Le vent des honneurs en soufflant dans son âme l'a jeté comme tant d'autres en dehors de sa route naturelle. Une fois dominé par le désir d'être conseiller général, et de là arriver plus tard à la députation, sa conscience n'a plus été rebelle aux compromis. Dès lors on l'a surpris passer de gauche à droite, pour revenir de droite à gauche. Par ces oscillations politiques, il a compromis sa popularité, et provoqué la méfiance; il a froissé les républicains sans gagner un réactionnaire.

Quelques républicains avisés disaient en petit comité : prenons garde! M. Sarrat joue le parti républicain ; quand il aura atteint l'objet de sa convoitise, il fera volte-face, et passera armes et bagages dans le camp des orléanistes. C'est ainsi qu'il jetait la défiance dans quelques esprits. Son entourage et lui froissés à leur tour de voir les réactionnaires indifférents à leurs prévenances calculées, dédaigneux des cajoleries patelines de M. Sarrat, sourds à ses avances obséquieuses, en sont venus aux finasseries. Pour vouloir être trop habiles, ils sont devenus des maladroits. Où il fallait être indulgent et juste, ils ont été vindicatifs et partiaux. La préoccupation de gagner des suffrages a compromis parfois leur dignité en s'abaissant, par les agissements de leurs agents, au rôle de cabaleurs de carrefour. Au lieu de s'arrêter sur cette pente fatale, on dirait qu'ils la parcourent d'un mouvement accéléré, et la peur d'échouer les rend injustes et perfides. Suivant une expression d'un journaliste courtisan de l'empire, ils auraient pu faire *grand* ; ils ont fait..... pour eux. On dit que la désaffection gagne peu à peu la population ; qu'il ne leur reste plus guère que les protestants renforcés de la troupe lazaronienne. Le scrutin de dimanche, qu'il y ait deux listes ou une seule, dira ce qu'il y a de vrai ou de faux dans cette assertion. La victoire à la Pyrrhus pour les conseillers d'arrondissement est pour eux un pronostic peu rassurant. Quoi qu'il en soit, on peut prédire que, si M. Sarrat (pourvu qu'il ne soit pas trop tard) ne divorce pas avec ses demi-mesures, ses hésitations, ses tâtonnements, pauvres de franchise, encore plus pauvres en bons résultats pour les intérêts de la commune, une heure fatale sonnera pour lui, où, sources de faveurs taries, promesses fallacieuses, défiance, déception, dépit, rancunes diverses, représailles, formeront une somme de mécontentements désapprobateurs qui, sans s'être concertés, iront s'accumuler pêle-mêle dans l'urne électorale, pour en sortir un à un, et proclamer en bloc sa défaite avec celle de son entourage.

Ce jour-là, dans leurs récriminations, ils laisseront peut-être échapper des expressions équivalentes à celles qui conduisent les individualités féminines en cour d'assises. Ils n'auront pas raison de se plaindre, car si plusieurs suffrages ont manqué d'aller à leur adresse, c'est qu'eux-mêmes auront changé de numéro politique, quant à une autre catégorie d'électeurs, tout le monde sait que voter aujourd'hui pour Pierre, demain pour Paul, c'est la logique naturelle de leur état social.

Ce jour-là ils se souviendront peut-être de M. Delmas, et se repentiront de l'avoir lâchement sacrifié à la haine du cléricalisme, comme autrefois pour apaiser la colère divine, le peuple hébreu dans les calamités publiques chassait dans le désert un bélier chargé de toutes les iniquités. Comme le cléricalisme les fait trembler, il fallait bien pour apaiser sa colère et se faire pardonner une insignifiante et très-humble opposition imposée par les circonstances, sacrifier une des vaillantes individualités républicaines et anticléricales. C'est là un des motifs probables de l'ostracisme de M. Delmas; mais, sacrifice inutile, car si la peur, qui est une mauvaise conseillère, ne les égarait pas, ils devraient savoir que le cléricalisme, enfant terrible du despotisme, ne se laisse pas attendrir; qu'il ne pardonne pas et qu'il ne leur pardonnera pas; il ne craint que ceux qui n'ont pas peur de lui. Ce jour-là, chose bizarre, le cléricalisme aidant, M. Delmas sera vengé par les actes mêmes de M. Sarrat.

Ce jour-là, pour un homme tombé par trop d'ambition, les vrais républicains de Revel, s'il y en a, ne perdront point courage, ils se recueilleront, s'en remettront à un temps plus propice, mais se préoccuperont de se choisir au plus vite un chef assez courageux et assez patriote pour prendre résolument la défense des enfants de la cité, victimes de machinations infâmes, assez républicain pour ne pas frapper les républicains quand ils ne méritent pas de l'être ; assez vertueux pour ne pas protéger les malfaiteurs ; assez juste pour accorder à chacun son droit, même quand il s'agit de messieurs les vicaires ; assez ferme pour ne pas craindre de perdre sa popularité en faisant la chasse aux abus ; en résumé un maire qui administre la commune dans l'intérêt de tous, et non dans l'intérêt exclusif d'une coterie, cause principale, sinon unique, des lourdes fautes de l'administration.

Ce jour-là, dans leur folle jubilation, les réactionnaires intransigeants, sous réserves d'autres griefs plus ou moins justifiés, répèteront en cœur cette kyrielle aussi agaçante qu'importune :

M. Sarrat n'a pas fait ce qu'il devait faire pour délivrer le capitaine Aymes, il a échoué au scrutin, c'est bien fait ;

M. Sarrat a sacrifié injustement M. Delmas, il a échoué au scrutin, c'est bien fait ;

M. Sarrat a protégé les vitrioleurs au détriment de la sécurité privée ; il a échoué au scrutin, c'est bien fait ;

M. Sarrat, de concert avec les conseillers républicains, a retenu à MM. les vicaires un trimestre échu, contrairement aux principes les plus élémentaires de l'équité ; il a échoué au scrutin, c'est bien fait, c'est bien fait.

Citoyens électeurs, après cet exposé, M. Delmas croit devoir adresser directement quelques observations à M. Sarrat :

Ancien et malveillant collègue,

Je suis sans doute un lutteur infime, mais j'appartiens à cette légion de républicains convaincus, disséminés dans toute la France, qui n'ont jamais courbé le front devant le crime du 2 décembre. Que seriez-vous sans eux, vous et tant d'autres ? Vous ne pouvez pas nier que ce sont eux qui, par leur persévérance et leur énergie indomptable, ont puissamment contribué à fonder la République. Une de ces victimes du coup d'État se trouvait jetée dans votre ville par les événements. Elle y fut traquée de nouveau par l'Ordre moral. C'était votre devoir de réparer dans la mesure du possible le dommage que lui avait occasionné, soit le coup d'État, soit l'Ordre moral. Vous n'y avez même pas pensé, vous avez au contraire continué à la sourdine le système que les Get, les

Berdoulat, les Delpech, avaient employé ouvertement. Vous avez, dès votre arrivée dans la municipalité, suborné, par l'intermédiaire de vos nombreux agents, les élèves qui fréquentaient mon institution. Vous en avez détourné le plus que vous avez pu. Ce n'était ni généreux ni loyal, encore moins une réparation, surtout dans les conditions exceptionnelles où je me trouvais. Je le savais, et pourtant je gardais le silence dans l'intérêt du parti républicain, et même dans le vôtre. Enfin, vous en êtes venu, par une mesure plus que maladroite, à rendre impossible le maintien de mon institution. Réduit à cette extrémité, devais-je me laisser juguler sans résistance, comme un agneau ? Vous savez que ce n'est pas dans mon caractère. Dernièrement encore, vous fîtes insérer dans la *Dépêche* une réclame par laquelle vous attribuiez à votre école laïque le succès d'un élève reçu troisième à l'école normale primaire, de quelques élèves ayant obtenu les premiers rangs pour le certificat d'études de l'enseignement primaire. Je ne vous croyais pas charlatan ! Cet élève de l'école normale ne vous appartenait pas ; il sortait de mon institution, et ce n'est pas dans quatre à cinq mois qu'on peut former un élève pour l'école normale. Un de ceux qui ont été classés dans les premiers rangs pour le certificat d'études, et qui probablement était le plus jeune de ceux qui ont été reçus, ne vous appartenait pas non plus. Il est sorti de l'institution Delmas quand elle a cessé à Pâques. Ainsi voilà un brin de charlatanisme fait aux dépens de l'institution Delmas. Se vanter de ces succès après avoir obligé M. Delmas à cesser son enseignement, ce n'est pas de la modestie, c'est une audace effrontée. Par ce procédé jésuitique, le public doit être édifié sur la bonne foi de vos paroles et de vos écrits.

Un membre de votre cercle, sans pourtant être un sot, a commis la sottise grossière de dire que j'étais trop républicain pour avoir la direction de votre école laïque. Cette assertion singulière m'oblige à raconter un fait de ma vie passée :

Sept ans après le coup d'Etat, j'allai au ministère de l'instruction publique réclamer mon traitement de réforme que les *blancs* d'alors avaient fait supprimer sous le prétexte que *j'étais du parti des rouges*. M. le chef de division me répondit nettement qu'il n'y avait pas de fonds disponibles. Après un assez court dialogue, ce haut fonctionnaire me dit tout à coup : « Rentrez donc dans l'université. » Etonné de cette offre à laquelle je ne m'attendais pas et que je ne demandais pas, j'acceptai machinalement. Mais une fois dans la rue, la réflexion me survint. Ne voulant pas que mon acceptation fût regardée comme un abandon de mes opinions, et par suite considérée comme un acquiescement au coup d'Etat, j'écrivis immédiatement que je n'entendais modifier en rien mes opinions ; que si je devais être tourmenté, peut-être même destitué à cause de ces opinions, il valait mieux que je ne rentrasse pas dans l'université. Par cette lettre, je fis tout le contraire de ce que les journaux ont tant reproché à M. Duportal. Que devint-elle entre les mains d'un homme qui me connaissait pour avoir inspecté deux fois ma classe, qui était suffisamment renseigné sur mon compte par une enquête que lui avait ordonné le ministère ? Faisant la part de l'état d'irritation occasionné par une douzaine de dénonciations calomnieuses, il dut n'en tenir aucun compte, et probablement la mettre au feu. Je fus nommé deux jours après professeur à Coufolens, où je ne prêtai même pas serment de fidélité à l'Empire comme on l'exigeait alors. Un an après je fus nommé à Revel, accompagné bien entendu de notes détestables en politique pour l'époque, et minutieusement surveillé. M. Get, alors maire, doit en savoir quelque chose. Je ne mis pourtant pas cocarde en poche à Revel, vous le savez, toute la population aussi. Or, cet homme, professeur pendant quatorze ans dans votre collège, sous l'Empire, avec des notes politiques peu recommandables pour l'époque ; en République, cet homme est trop républicain pour diriger une petite école primaire, comme une compensation bien insuffisante du préjudice que vous m'avez causé, compensation à laquelle il se serait résigné pour compléter sa retraite ? Quand on n'a pour se justifier que des raisons de cette valeur, c'est qu'on n'en a aucune de bonne en dehors de quelque intérêt inavouable. Une administration soi-disant républicaine s'est montrée plus vandale que les vandales de l'Empire contre un républicain qui lui a rendu des services, qui en a rendu aussi autrefois au collège ! c'est à ne pas y croire ! Tenez, le mot m'échappe, c'est plus qu'ingrat, plus que méchant, plus qu'odieux, c'est BÊTE. Que dire des conseillers municipaux ? On les avait pourtant triés parmi les républicains ; pas un membre n'a eu assez de cœur, assez d'indépendance pour élever la voix contre cet ostracisme inepte. Et vous, avec votre entourage, vous vous dites républicains ? Non, vous ne l'êtes pas. *Vous êtes des intrigants vulgaires, des agioteurs politiques,* qui risquez cent francs, mille francs... pour en retirer cent mille et plus si vous pouvez. Vous exploitez aujourd'hui le mot de république, comme vous exploiteriez demain celui d'orléanisme s'il devenait officiel, que Dieu en préserve la vraie démocratie française. Vos actes répréhensibles mis à part, vous n'avez fait rien de grand ; tout est petit, mesquin, façonné à la taille de votre petite église politique. Sur la plupart de vos actes, au lieu de lire le mot *administration,* on pourrait appliquer cet écriteau : *appétit du pouvoir servi par la duplicité.*

L'ensemble de ces actes porte à penser que pour nous le vrai honnête homme se guide d'après des principes utopiques, inusités dans la pratique des affaires de la vie. Est-ce qu'avec de tels principes, les potentats, tels que les Bonaparte, auraient pu escalader le pouvoir ? Pour nous, le vrai honnête homme serait un visionnaire, un naïf, un niais, presque un imbécile. Il n'entend rien aux luttes de la vie, ne connaît point l'argot des sociétés secrètes, ignore les trucs les plus élémentaires de la politique. Un tel homme est bon tout au plus pour des sacrifices expiatoires. Mais un vitrioleur ! Diable ! C'est différent. Un vitrioleur qui choisit une nuit obscure ; qui, en aveuglant sa victime avec du vitriol, reste muet comme une carpe dans la crainte que sa voix ne devienne un témoin accusateur ; qui arrache à un pauvre diable vingt-cinq francs, recette de son petit négoce de la journée, est un être précieux qu'on peut utiliser au besoin et qu'il faut ménager ; sauvons-le des griffes de la justice. Autrefois, à Sparte, où le vol était permis, quand il était commis adroitement, un tel personnage aurait été comblé de félicitations ; comme distinction plus qu'honorifique, on lui aurait peut-être même donné un bureau de tabac, si cette corne de faveur avait alors existé. Eh bien ! l'honnête homme n'est pas aussi naïf que vous le pensez ; il sait démêler les artifices, les fourberies dissimulées par une feinte bonhomie et des apparences de délicatesse; mais il dédaigne d'avoir recours à de tels moyens; il ne connaît point l'argot des sociétés secrètes, parce que, ne tenant pas à y être incorporé, il n'a pas besoin de l'apprendre. Quant à votre truc de préserver les vitrioleurs des griffes de la justice, gardez-le pour vous; les honnêtes gens n'en veulent pas.

Les républicains de Revel ont raison de combattre la candidature de M. Get, si elle vient à se produire; mais vous, vous avez perdu le droit de le critiquer. Si vous le faisiez, ce serait la crémaillère qui voudrait noircir le chaudron. (Je demande pardon à vous qui avez longtemps vécu au milieu des fleurs de rhétorique, d'employer une comparaison aussi triviale que démocratique.) C'est M. Get, au contraire, qui a maintenant le droit de vous critiquer, car vous lui avez fourni des armes que sa patience de chat et sa ruse de renard ne manqueront pas de tourner contre vous en temps opportun. Rendons à M. Get ce qui appartient à M. Get : je ne sache pas que, durant sa longue carrière administrative, on puisse citer un exemple où il ait abandonné quelque ami dévoué, encore moins qu'il lui ait enlevé ses moyens d'existence, en récompense de son dévouement. Cela prouve que l'égoïsme n'a pas tout à fait envahi son âme, qu'il y reste encore un petit coin réservé au souvenir de ses amis dévoués. Il a sur vous cet avantage précieux et incontestable; prenez garde que le peuple ne lui attribue d'autres qualités qu'il n'a peut-être pas, mais à coup sûr que le public n'a pas encore contrôlées chez vous.

Les républicains vous avaient choisi, non pour protéger les vitrioleurs et les voleurs, non pour vos opinions que tout le monde savait n'être pas franchement républicaines, mais parce qu'on vous regardait comme capable et honnête. Il fallait administrer, en restant dans cette voie où le public était si content de vous trouver, au lieu de vous égarer dans les sentiers obscurs, tortueux, mal famés où l'intrigue ourdit dans les ténèbres des complots qui ne sont pas toujours munis de l'estampille de l'honneur, où l'on s'expose à rencontrer des *vitrioleurs* avec d'autres industriels de la même espèce. Cette voie, aussi droite que belle, vous aurait conduit plus sûrement que toute autre au terme de vos désirs. Elle vous aurait peut-être aliéné l'appui de quelques lazaroni, mais ce petit désagrément aurait été amplement compensé par l'adjonction de nombreuses et importantes recrues. Les partisans de M. Get, sans lui retirer leur sympathie fondée sur des motifs divers, auraient fini par se rallier à la cause républicaine ; seraient restés rebelles une vingtaine d'incurables qui, désespérant de l'avenir, impuissants à empêcher la terre de tourner et la France de continuer sa marche dans le progrès, se seraient parqués d'eux-mêmes dans les lazarets des cholériques du cléricalisme ; et votre réputation, auparavant si belle dans toute la contrée, n'aurait fait que grandir et s'étendre bien au-delà. Alors, seulement alors, l'influence de M. Get serait descendue à zéro. Mais quand Dieu veut perdre quelqu'un il lui fait perdre l'esprit : *Quos vult perdere Jupiter dementat.*

Quelqu'un a eu le mauvais goût d'appeler les deux messieurs Get deux zéros ; ce n'est pas vous qui auriez tenu ce langage, parce que votre éducation n'admet pas ce genre de polémique, parce que d'ailleurs cela n'est pas vrai, et que gratifier un ennemi de qualifications plus que radicales que le public sait pertinemment être fausses, ce n'est pas lui nuire, c'est au contraire lui faire du bien et lui rendre service. Plus d'une fois, par un cauchemar suffocant, le fantôme de M. Get a dû vous apparaître sous des formes sinistres et troubler votre sommeil ; des zéros ne produisent pas cet effet. Du fond de ma retraite que vos étonnantes combinaisons, doublées d'astuce, m'ont forcé de choisir, il me semble vous voir trembler comme la feuille, que, dimanche prochain, s'il y a opposition, ces deux zéros mis à la droite d'un chiffre significatif, ne forment des centaines dont la valeur devienne supérieure à celle des vôtres. Si cette possibilité devenait une réalité, je ne vous ferai pas la sotte injure de dire que votre personne deviendrait un zéro ; mais sans exagération ni intention offensive, il serait bien permis de dire qu'elle se réduirait à une simple unité que le public, même la troupe lazaronienne, sauf les protestants, s'habituerait à négliger. Vous savez bien qu'ainsi va le monde.

Par ces observations vous seriez tenté de croire que j'ai une tendance à désirer le triomphe de M. Get ; nenni, M. Sarrat, je connais trop bien le genre de politique de M. Get, pour qu'il ne me vienne jamais la pensée de m'y associer ; je ne fais que constater l'état des esprits, à Revel, dans les conjec-

tures actuelles, les situations respectives des deux solliciteurs du pouvoir : tous deux dans l'attente anxieuse du résultat ; l'un qui ne veut pas s'en aller, l'autre qui voudrait bien revenir ; l'un se présentant devant les électeurs avec un fort dossier de maladresses accompagnées d'un assortiment de défaillances politiques (expressions indulgentes), l'autre apportant une abondante provision de rancunes mises en œuvre avec la ruse et l'habileté qui le caractérisent. Si les républicains de Revel avaient une notion suffisamment exacte des devoirs qui incombent à tout citoyen honnête, soucieux des intérêts de la vraie démocratie, je sais bien ce qu'ils auraient à faire............
.... Pour moi, dussé-je mourir dans le ruisseau, grâce aux Get, aux Berdoulat, aux Delpech et à vous enfin, je resterai inébranlable dans mes convictions républicaines, telles que je les comprends applaudissant, avec indépendance toute bonne action, lors même qu'elle viendrait du parti réactionnaire, la considérant comme un à-compte du tribut que chaque individu doit apporter à la raison sociale, en échange des avantages immenses qu'il en retire ; mais ayant le courage de blâmer toute mauvaise action, de quelque part qu'elle vienne, serait-ce même du parti républicain, suivant le degré de préjudice qu'elle cause injustement, soit à un nombre, soit à une partie quelconque du corps social.

Par l'ostracisme dont vous m'avez frappé, vous n'avez atteint qu'un individu dans ses intérêts privés. (J'ai bien le droit de dire : Dans ses moyens d'existence), et, après??? si vous croyez que ce soit un titre d'honneur pour vous et pour ceux qui ont pu y prendre part, vous vous tromperiez grossièrement. L'opinion publique est fixée à ce sujet. Ce n'est pas ce que vous me donniez clairement à entendre, le jour de la conférence de M. Marius Taupin dans le cabinet de M. Vigne, commissaire de police, en sa présence. Ce jour-là, vous aviez l'air d'être tout pour moi, parce que vous aviez besoin de moi. Si quelqu'un vous posait sérieusement cette question ? Pourquoi avez-vous sacrifié M. Delmas ? — Vous pourriez bien balbutier quelques paroles plus ou moins agrémentées de sentimentalité ; mais votre camarilla réunie au complet, en conclave, et vous, tous ensemble, vous ne seriez pas capables de fournir un argument acceptable pour justifier cette espèce de solécisme politique.

Nous ne sommes plus à cette époque où, dans une réunion électorale très nombreuse que j'avais l'honneur de présider, vous fîtes pleuvoir sur moi un déluge d'éloges qui glorifiaient mes luttes passées et faisaient espérer une réparation éclatante. Si ces éloges étaient sincères, votre façon d'ostraciser réunit tous les attributs d'un nom qui existe dans toutes les langues ; s'ils étaient une flatterie d'orateur, de votre part c'était une comédie jouée pour mieux capter les suffrages de l'assemblée. Je savais bien alors que je disais vrai en parlant dans cette réunion du *parti Get et du parti Sarrat*. Ces paroles suscitèrent des réclamations de votre part et vous fournirent l'occasion de manifester de nouveau vos affirmations républicaines. Elles sont belles, et surtout judicieusement appliquées, vos affirmations républicaines ! Vous ostracisez les vrais républicains, auxquels personne n'a rien à reprocher, et vous protégez secrètement les vitrioleurs et les voleurs. Malgré le le tort irréparable que vous m'avez fait, je vous le dis en vérité, M. Sarrat, je préfère cent fois être victime de vos louches compromis, que d'avoir été obligé d'implorer votre appui, pour m'éviter, comme vitrioleur, des démêlés avec la justice.

Dans tous vos actes politiques et administratifs, j'ai beau les tourner et retourner, les analyser minutieusement pour y chercher le M. Sarrat d'autrefois, peine perdue dont je m'afflige plus que vous ne croyez, pour vous et pour la cause républicaine, je ne le retrouve plus.

Dans cet homme que votre égoïsme a sacrifié, vous ne vous êtes pas souvenu qu'il y a une victime ignorée du coup d'Etat, une victime aussi du Seize-Mai, qu'il y a un vétéran de la démocratie, un républicain de très vieille date ; or, comme républicain, cet homme, qui durant sa vie n'a *vitriolé* personne, vous reproche d'avoir caressé la réaction, de lui avoir tendu la main et d'avoir pactisé tacitement avec elle. Si, parfois, il vous est arrivé de sévir contre elle, c'est lorsqu'elle s'est mise en travers de votre ambition personnelle et des appétits trop absorbants de vos acolytes. Il vous reproche non seulement l'oubli de vos devoirs comme citoyen et comme maire, mais encore il vous accuse d'avoir taché le drapeau de la République dans l'affaire du capitaine Aymes, dans celle du vitriol, dans celle de MM. les vicaires, mais surtout dans celle du vitriol. Cette dernière tache faite au drapeau est aussi indélébile que celles qui durent être faites sur la blouse et le pantalon du *vitrioleur*.

A l'approche des élections municipales, pressentant que l'affaire du vitriol jetterait un froid sur l'opinion des électeurs, et pourrait compromettre votre réélection, vous avez cru faire un coup de maître en forçant le *vitrioleur* à intenter une action en dommages-intérêts contre la famille du *vitriolé* ; pendant que l'affaire serait en instance devant les juges, vous avez pensé que les élections se feraient à Revel sous une impression qui vous serait personnellement favorable. Cette odieuse manœuvre, qui tendait à faire triompher le crime, a été paralysée par le retard des élections. Vous n'avez donc pas compris que ce plan jésuitique ajoutait une gravité de plus à la gravité de votre première faute, car vous avez eu le temps de réfléchir avant de commettre cette mauvaise action. La marche de cette affaire a de l'analogie avec la procédure du crime de Saint-Cirq où l'évêque de Rodez a joué un rôle semblable au vôtre. Admettons pour un instant que votre plan satanique eût réussi (ce qui n'est nullement probable) : le condamné aurait sans doute subi un dommage réel et immérité ; mais un mouvement de réprobation générale aurait éclaté, oscillant du vitrioleur à M. Sarrat, et de M. Sarrat au vitrioleur. Le vitrioleur et M. Sarrat auraient été mis à la place du condamné innocent sur la sellette de l'opinion publique. Plus on remue les ordures, plus elles sentent mauvais : puisque le mal était fait, il fallait laisser l'esprit public livré à ses appréciations vagues et peu précises. Poursuivre l'accusation dans les conditions où le crime a été perpétré, c'était faire surgir des présomptions nouvelles de culpabilité contre le prévenu, et donner plus de prise à la rumeur publique. En vérité, vous êtes bien maladroit ! L'Egérie qui vous inspire vous trahit : cette Egérie, c'est l'*ambition*, qui a su dans votre âme usurper la place de la conscience.

Quelques braves gens, dans leur simplicité d'esprit, ont peut-être pu dire : « M. Sarrat est si bon que, par *humanité*, il aura voulu avoir pitié d'un misérable. » A cette ultra-indulgence, la raison et l'instinct du juste répondent avec indignation : et la victime !!! l'humanité n'existe donc pas pour elle ! et la population qui demande sûreté et vigilance à ses élus pendant qu'elle se livre honnêtement à ses travaux de chaque jour !!!

elle ne compte donc pour rien??? Dans cette malheureuse affaire, pour vous le vitriolé n'a été *rien*, le vitrioleur a été *tout*.

Nous voyons, il est vrai, quelques rares esprits, se posant comme amis du progrès, s'apitoyer sur le sort des assassins, même sur celui des vitrioleurs ; mais ne manifester aucun intérêt pour les victimes. Ces esprits prétendus supérieurs semblent prendre le parti des assassins contre celui des honnêtes gens. Si cette secte à l'état naissant d'anarchistes d'un nouveau genre prenait faveur en France, les anarchistes amateurs de dynamite trouveraient là des auxiliaires d'un opportunisme à la vérité fort accommodant pour eux, mais bien inopportun pour la société en général et surtout pour les *dynamités*. Le bon sens du peuple français fera bonne justice de leur système de réforme par trop niveleur.

Si un de vos ennemis, entre autres M. Get, tout en fabriquant son pippermint, avait enfanté dans son cerveau et mis en œuvre ce plan de poursuites dans l'affaire du vitriol, votre puritanisme des temps passés, dont j'étais un des admirateurs fervents, vous aurait fait dire : « quand un homme d'honneur en vient à de tels expédients, sa réputation de malhonnête homme commence. » Mais vous êtes allé plus loin, vous avez assaisonné votre mauvaise action d'une petite dose de poltronnerie. En France, les esprits éprouvent une sympathie irrésistible pour le courage, même quand il est téméraire, puisque vous prétendiez que les bruits en circulation portaient atteinte à votre honorabilité, vous auriez dû en faire votre affaire personnelle. Le public, sans vous donner raison, quant au fond, vous aurait su gré de ne pas dépasser, dans votre action, la limite de votre défense personnelle. Mais vous êtes allé vous cacher derrière une réputation détestable, une réputation des plus compromises dans l'opinion publique, celle du prévenu. Si c'est là votre genre de bravoure, c'est la bravoure d'un mandarin chinois.

La population reveloise est souvent en état de somnolence ; puisque vous n'avez pas craint de mettre dans la peine les membres de la famille du vitriolé, qui, pourtant, ont bien le droit de se plaindre, ne craignez-vous pas que la dormeuse s'éveille, et, qu'à son réveil, poussée par un sentiment spontané d'honnêteté, indignée de voir les coupables protégés et les innocentes victimes, menacées de poursuites judiciaires, surprise de tant de vols commis çà et là dans la commune sous votre administration, terrifiée par plusieurs incendies dont quelques-uns présentent un caractère incontestable de malveillance; ne craignez-vous pas, dis-je, qu'à son réveil elle vous mette à la porte de la mairie à coups.......... de bulletins ??? Le jour où la ville sera débarrassée de votre administration imprévoyante par incurie, blâmable par faiblesse, partiale par ambition, gardez-vous bien de rendre les électeurs responsables de votre chute ; vous n'aurez qu'à vous en prendre à vous-même, et dire votre *mea culpa*; ce sera vous-même, votre entourage aidant, qui vous serez perdu.

Mesurez l'espace de terrain que vous avez perdu aux élections dernières du conseil d'arrondissement, défalquez les voix de la troupe lazaronienne et des assistés de toutes sortes, que vous reste-t-il de suffrages librement exprimés ? Osez ensuite parler dans la *Dépêche* d'une majorité écrasante. Ces rodomontades n'illusionnent personne à Revel, pas même vous qui savez le peu qu'elles valent. Quel que soit le résultat du scrutin de dimanche, qu'il y ait une seule liste ou plusieurs, votre administration, désormais impuissante à faire le bien de la commune, est condamnée par l'opinion publique et par la majorité du parti républicain qui ne tient plus à vous que par un fil d'une solidité douteuse. Si un incident imprévu venait à couper ce fil, il ne vous resterait pas deux cents voix, même en y comprenant celles des protestants. Ne prenez donc pas sur un ton trop haut votre chant de victoire prématuré, si une liste opposante vient à se produire. Les notes de votre trompette de réclame pourraient acquérir une fausseté qui chatouillerait désagréablement vos oreilles délicates.

Ne vous imaginez pas que par ce mécontentement exprimé ou tacite, le parti républicain abdique pour faire place à la réaction. Si une liste réactionnaire venait à se former, et profitait pour réussir des reproches que s'est attirés votre administration, il sait que le succès de la réaction serait éphémère, parce que l'avenir appartient désormais à la démocratie. Ce ne serait qu'un arrêt momentané. Avec son flair habituel, c'est peut-être ce qu'entrevoit votre redoutable rival et ce qui le tient prudemment à l'écart. Provisoirement, le parti républicain à Revel tend à s'affranchir des agissements d'une demi-douzaine de meneurs, vrais suzerains du conseil municipal, qui considèrent les autres membres comme leurs vassaux, la commune comme leur fief, et les habitants comme des manants et des vilains.

La féodalité a laissé dans nos mœurs bien des préjugés difficiles à déraciner. La démocratie en est encore à l'apprentissage de ses droits et de ses devoirs ; mais il viendra un temps où, son éducation politique et sociale étant plus complète, dans les conseils communaux, comme dans les grandes assises nationales, suzerains et vassaux seront forcés de reconnaître qu'au-dessus d'eux il y a un souverain, que ce souverain n'est plus le roi d'autrefois, mais l'électeur qui saura désormais mieux choisir ses mandataires pour débattre avec plus d'équité et d'impartialité les intérêts privés des citoyens et les intérêts généraux de la nation, solidaires les uns des autres.

Maintenant faites des phrases tant que vous voudrez, allez même plus loin si c'est votre bon plaisir; mais je vous préviens comme si j'étais le collègue et l'ami d'autrefois; votre linge, bien loin d'être lavé, pourrait bien n'en sortir que plus sale.

Citoyens électeurs, il existe une maxime, passée à l'état de proverbe, qui a toujours été l'objet de ma prédilection, la voici :

> Fais ce que dois,
> Advienne que pourra.

C'est ce que je viens de faire.

En résumé, si mes réflexions n'étaient pas de votre goût, la difficulté de s'entendre serait facile à résoudre. Ce serait, moi, de persister dans mes observations, et vous, d'agir comme si je n'avais rien dit.

Je ne vous en prierai pas moins d'agréer les souvenirs sympathiques de votre ancien président, et je promets à M. Sarrat de garder un souvenir ineffaçable de sa conduite inexplicable à mon égard.

DELMAS.

Toulouse, le 27 avril 1884.

Toulouse, Imp. Vialelle et Cie, rue Tripière, 9.

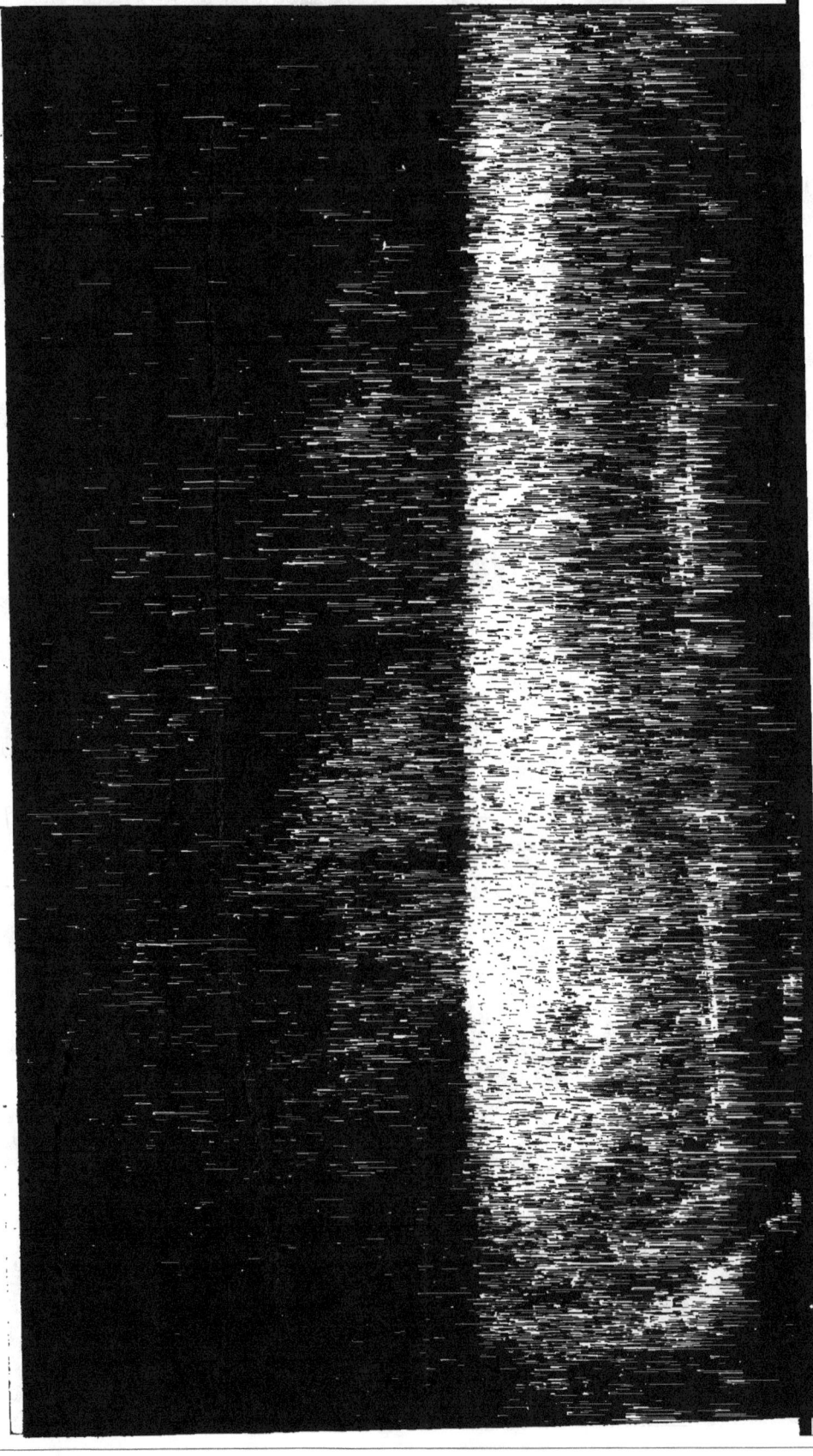

www.ingramcontent.com/pod-product-compliance
Lightning Source LLC
Chambersburg PA
CBHW060505050426
42451CB00009B/825